手繪摩洛哥

奇幻旅程

廖蕙蘭◎著

地中海風情吊燈
鐵鑄手工玻璃鑲嵌

2006 年暑假一個陰錯陽差的機緣，

我問：「還有哪個行程有空位？」

旅行社：「全部都額滿，但是，剛好摩洛哥有兩個人放棄不去了，你們要嗎？」

我問：「摩洛哥在哪裡？有什麼特別的？」

旅行社：「在北非，有地中海風情、撒哈拉沙漠、電影卡薩布蘭加就是講這裡……」

就這樣，十分鐘後的決定，讓摩洛哥成為旅行生涯中最精采刺激的一頁。

請別誤會，我去的地方不是法國南部擁有豪宅、賽車、賭城的度假勝地摩納哥，

而是位於非洲北部靠近地中海的摩洛哥。

我知道東西方文化有很大的差異，

但是關於伊斯蘭文化這一塊，

當時連誠品書架上的旅遊指南都只翻到兩三本，

因為所擁有的知識實在太少，才會被接下來的所見所聞所震懾住。

目次

p.28 柏柏人建構的地中海風情

p.34 就是曬

p.38 世界上最容易迷路的城市

p.44 沒有痱子粉 (音似 Fés) 的香味

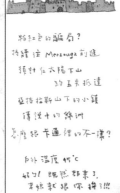

p.50 亞特拉斯 (the Atlas) 山下的小鎮

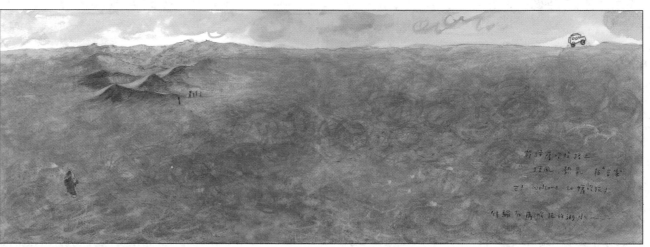

p.56 狂風 熱氣 柏柏音樂

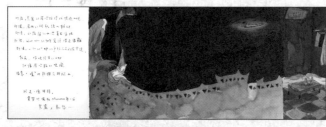

p.60 美麗的撒哈拉陪我度過一晚

假如，你遇上了沙漠風暴‧‧

如果，你沒戴口罩‧‧‧(會噴到)
沒戴帽子‧‧‧(頭髮進沙)
沒穿外套‧‧‧(皮膚沙打到痛)
沒撐傘‧‧‧(變瘋子)

那你至少要有濃密的長睫毛‧
眨眼上就能阻擋細沙

我沒有長睫毛‧
他笨他不怕難難，一樣不説

這些情情在的紀念品
快拿去再想收真好看!!

p.64 假如，你遇上了沙漠風暴

p.70 騎著小騾子去遠足

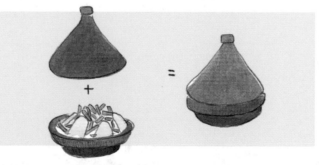

p.76 就是這麼簡單的簡單生活

2006 冬天，
一組搖打沒撐 + 衝動
右選擇去請 Morocco 底細下‧
就和 Bird 收拾行李去了!
慶幸自己的直覺 and 隨性‧
我的身體裡裝滿神秘回憶

還有一大堆 意猶未盡 !!

p.82 意猶未盡

轉机 → 等待 → 轉机 → 等 ……
迎接我的，
果然是迎面而来的伊斯蘭
and Casablanca 的晚風，

空氣 些許涼意，
帶有神秘味道。

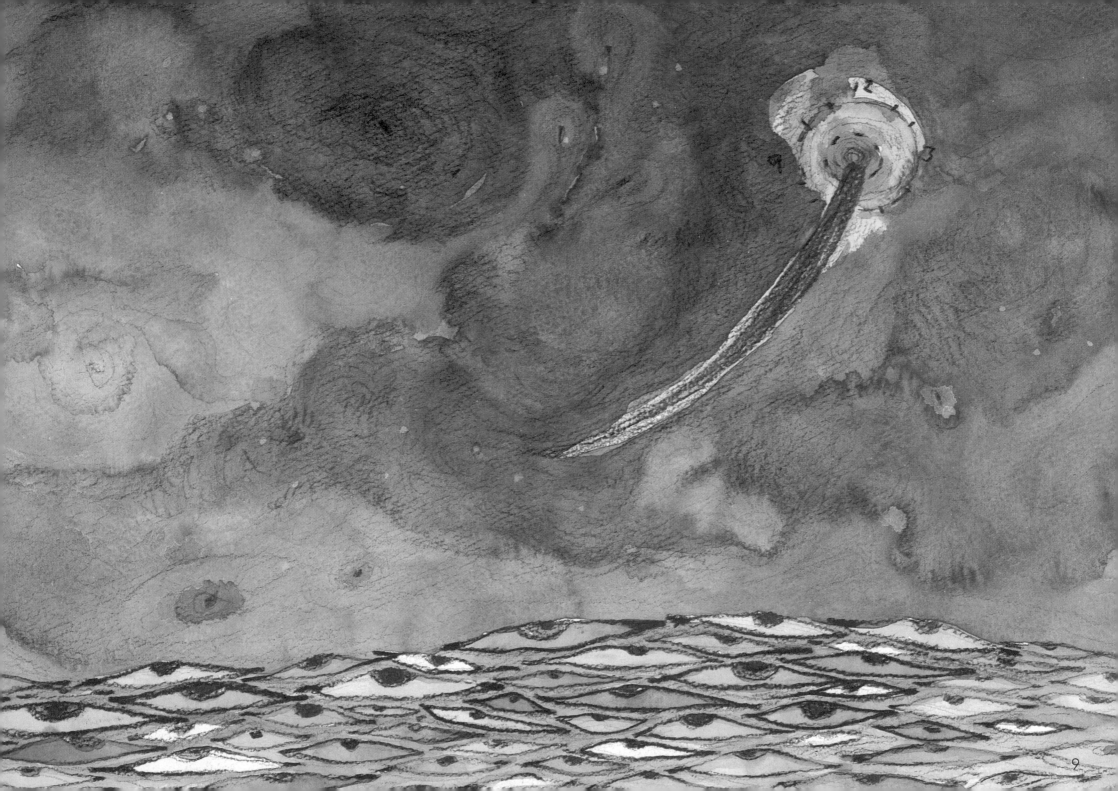

城市裡
　　家家戶戶必備的小耳朵

哈桑二世清真寺 La Mosquee Hassan-11
　1/3 建在大西洋上, 紀念阿拉伯祖先
　從海上來, 世界三大回教寺之一

01

卡薩布蘭加 (Casablanca) 的晚風

　　輾轉抵達已是午夜，電腦設備不先進的海關又讓通關作業延遲許久，疲憊的步出機場，眼前的夜空卻是整片的酒紅混合蜜桃，海邊隱隱傳來的中東音樂，讓人不飲輒醉。

　　旅行迷人的一部分是我可以暫時卸下自己的身分：我不是學生學習、尊敬的老師，不是父母擔心嘮叨的孩子，也不是情人懷裡珍愛的寶貝。離開每日按時運作的那個軌道，在飛機進入大氣層的時刻，我的真實身分被拋到九霄雲外，所有平時的責任義務都可以暫時擺到一旁，甚至可以違

←同一份文件要手寫四遍，所以入境要耐心等待。

→天花板上的時鐘，看得出來幾點了嗎？

←Casablanca 機場入境大廳。

AZUR HOTEL 🛥 TERRASS

雖然 沒有 吹風机, 因為歷史悠久
AZUR HOTEL 仍然有 ✹✹✹✹ !

背常規。這種在旅程裡放縱一下的「中介迷離症狀」，恰好能帶來心靈昇華的感受。

電影《羅馬假期》是「中介迷離症狀」的經典代表，而摩洛哥正是此症狀的旅行體驗。這個還不算過度觀光化的回教國家，雖然民風保守但人民十分純樸且友善，在旅遊途中面對好奇的眼光時，單身的身分，會讓我獲得許多深入了解民情的會話練習機會。但是隨著旅行時間增長，慢慢的領教到摩洛哥男子不間斷的熱情，連在馬路邊等個紅綠燈，每台路過的汽車三台中有兩台會熱情搭訕，每個人都對你投以無比好奇眼神，每個人都好像要邀你共遊，從背後、左邊、右邊、前面、光明正大的、跟蹤的，無孔不入的趨近！為了避開動不動就想娶我回家的話題，我的身分從單身改為已婚。畢竟密集的反覆上演「羅馬假期式」浪漫對話，這甜膩滋味讓人暈眩招架不住。

↑干夜的入境大廳只剩我們和這對美麗母女檔。

←看不懂的機場告示牌。

13

誤闖進神秘的 伊斯蘭……
到處都是 "街頭藝人" 走來走去……

街頭藝人在菜市場買菜，

街頭藝人開車……

街頭藝人去郵局排隊等寄信，

忍不住要大喊：

「你們可不可以不要再演了丫！」

街頭藝人等紅綠燈過馬路……

15

02

街頭藝人

　　像夢境裡常有的不連續片段，明明置身於真實環境，卻又感到不真實的怪異。一個再真實不過的街道，房子、車子、紅綠燈，迎面走來的卻是身穿阿拉伯服飾包緊緊的女子。一位在公園裡大熱天戴白色小帽子、穿連身巫師長袍的阿伯，他手背在後面若無其事的漫步經過我眼前，瞧了我一眼後點頭淺淺微笑，踩著尖頭拖鞋離去。

　　「穿這麼奇怪的衣服在街上走，拍電影嗎？還是街頭藝人？」轉頭發現更多街頭藝人來來去去，我闖入的是什麼樣的一個神祕空間？

　　從地中海的藍白、撒哈拉沙漠的粉橘，到被預告馬拉喀什的粉紅，這段旅行被色彩扎扎實實填滿，每天的視覺經驗，從第一眼的震撼到全然享受，這裡的每樣事物都留下時間經過的痕跡，痕跡散發古老的氣息。

　　摩洛哥的世界多彩，但，她是一種低調的多彩。不聒噪、不特別引人注目，不似土耳其的華麗光芒，這裡更多幾分樸實原始，一旦發現她的美，便難逃她的手掌心，一輩子魂牽夢縈。

←市區街道。

←↑第一眼的摩洛哥。

←戴羊毛氈小帽子的
摩托車老伯。

←引人注目的
貨車。

尊崇伊斯蘭的教義，摩洛哥的清真寺裡少了偶像，多的是一片片手工拼貼的磁磚，即使是反覆的幾何圖樣，也都是純手工小心敲打、上色、拼貼的偉大成果。面對成千上萬片的彩色磁磚時，寄託信仰裡的那份虔誠心意不禁油然而生。

拼裝、顛倒、錯置、低調的伊斯蘭世界讓人時空錯亂，當你吃驚的嘴還沒閉起來時，遠方已傳來禮拜的長鳴聲響，高亢且肅穆，不論是清晨、中午、午後、黃昏、黎明，可蘭經的低吟聲總是輕易感染每個角落。

←伊斯蘭風情天花板。

→相較於土耳其，摩洛哥女子的傳統服飾、頭巾，花樣色彩都較樸實。

↑讓人著迷的異國風情。

中午：24°c
　穆罕默德五世陵寢.
圓柱廣場每根柱子
　都分配至少一個人.
十上一條 小毯子.
方便進行中的禮拜 and 休息

　可蘭經……滲透每個角落

21

→有手工餅乾風格的
橘色老牆。

←穆罕默德五世陵寢。

手工彩繪的木門
其實要更複雜10倍
但我畫不出來……

圓柱廣場

　　首都拉巴特 (Rabat) 有一堵長長厚厚的古老城牆，牆上開了許多像被打洞機穿過的小洞，小洞看似整齊，其實並沒有很認真的排列，隨性的有種手工餅乾的風格。老牆的磚泥因時間及驕陽的自然加工，從上到下，從橘紅過渡出一層的霜白，是現代化街道旁的一道美麗風景。

　　穿過橘紅的老牆拜訪穆罕默德五世，他帶領摩洛哥人民推翻法國統治而獨立，現在就躺在廣場裡的白色方型屋子裡，屋子有翠綠色的三角形屋頂，裡面正在進行中午的禮拜，因此謝絕外國人入內參觀。

　　回到廣場，360 根地震毀損後留下的石柱，高高低低的站立在晴朗的藍天下，成為棋盤上的各式棋子，為虔誠禮拜的伊斯蘭子民提供陰涼的角落。鋪開小毯子，脫下鞋、帽、包袱，朝向白色陵寢方向跪地膜拜，聽不懂可蘭經的經文，但是很輕易的就被蔓延開來的莊嚴神祕感染。

　　呼應城牆的宣禮塔，是棋盤上唯一顏色和大家不同的一點橘紅，幽幽淡淡持續低吟千古不變的可蘭經……

毛色搞笑 但表情認真的貓……

↑巧遇戶外教學的
小學生。

←這裡不但小貓長相
可愛，小孩也帥。

除了美麗的風景之外

鄉間小路兩旁總是充滿驚喜！

有羊咩咩也算合理.

但是……　　我有一隻小毛驢，我從來也不騎……　and

宇宙無敵超級好吃的瓜！

摺疊如碗的牛皮椅套
塞進枕心就 膨起來了

→ 鄉間小餐館也貼滿磁磚。

04

鄉間小路

　　離開涼爽的拉巴特，進入酷熱的沙漠核心前必須先切換至「鄉村景觀模式」。壯闊的土地上，大大小小分割種植不同顏色的農作物，等待翻鬆更新的泥巴色，生長快慢不同調的麥子色，收成後燃燒土壤的焦黑色，各種明度、彩度拼裝的褐色、紫色、綠色，　是時尚伸展台上流行的那種低調奢華路線。

　　穿著厚重棉襖成群結伴的羊咩咩，在這一望無際的時尚伸展台上貢獻數大便是美的景色。偶爾出現一兩匹馬兒悠哉的低頭吃草，沒有繩子、沒有主人、沒有房舍，晚上他該回到哪裡休息？

　　鄉間道路上除了我們沒有第二輛車。「看，有人騎小毛驢！」第一隻出現的小毛驢馬上吸引我的目光，伸展台上的模特兒總是要有新面孔才新鮮。行走的小毛驢是道路上的另一種奇景，如果不趕時間，其實算是低成本的節約能源方式。農舍之間往往距離遙遠，在路上卻可見慢慢踱步行走的人，他連小毛驢都沒有，究竟要走到何時？又要走去哪裡呢？

　　前進了很久，「鄉村景觀模式」很是一致，「開車」的我們，反而是這景觀模式裡最突兀的一項配件。凡是經過有人的住家，絕對引起百分百的騷動。唯一沒被打擾的，是路旁帆布帳篷底下的瓜，帳篷看起來很隨意，裡面的瓜卻一點也不隨便，餐桌上嘗得到它們的精采表現，每一回遇見它們，它們總是像座小山一樣整齊的堆疊並安靜的等待鑑賞。

↑ 宇宙無敵超級好吃的瓜。

穿梭在藍白高低街道，
　除了開心，還多些許涼意。
　柏人的手工地毯，
　　吳絡在清涼的牆面上，
　每個轉角……每個盡頭……
　　　　　都充滿期待～
　也許是一抹微笑，
　也許是一個神秘的背影，
　　也許是另一個更地中海的空間，
今天，我在柏人建構的地中海風情。

29

↑ 就是白、就是藍。

→ 想帶什麼樣的摩洛哥味道回家？

05

柏柏人建構的地中海風情

晚餐後散步，在轉角小雜貨店買電話卡和啤酒。閒聊幾句後，裝扮年輕的老闆開始介紹店內的其他商品，並且「邀請入內哈一口」。他邀請的「那一口」到底是什麼？至今我還是不明白？只是店內煙霧繚繞⋯⋯而且老闆的表情實在詭異，嚇得我轉身落荒而逃。

帶著和啤酒同樣冰涼的心情回到飯店游泳池畔，那是一個入夜後安靜的小角落，有閃閃星光和白色躺椅。Bird 不慎打翻啤酒引來另一側目光：「一個邀請我們過去加入的『手勢』」，雷達快速偵測一下 (看起來不像壞人) 便帶著剩下的啤酒加入他們，四位下班後相約小酌的摩洛哥男人：一位完全不會說英文的生意人，整晚安靜害羞的保持微笑；一位是大家比手畫腳溝通半天

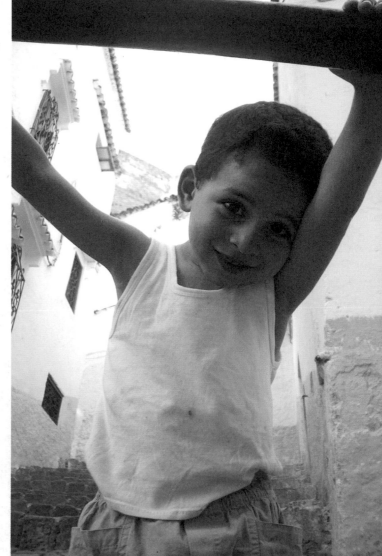

→ 西紹恩 Chefuhaouen 的
大眼男孩。

←起床第一眼，不需冷氣的地中海型氣候及地中海風情。

←黑貓巡視一圈查看誰家還沒起床準備。

←←↑藍白地中海風情。

才恍然大悟的麻醉師，沒辦法，「麻醉」這單字太難了；一位醫生紳士有禮的應對得體；一位英文最流利的小鬍子胖警察擔任今晚的溝通大使。

「你們特地從台灣飛了二十幾個小時過來這裡？」

「你們已經去過 Casablanca？」

「為什麼你們的餐廳裡幾乎都看不到女人？」

「你認為生活中最重要的是什麼？」

小鬍子胖警察秀出 NOKIA 手機播放 Elton John 的音樂，我回報小王子麵做為台灣的外交小禮物，夜深了道別時的游泳池畔，眉眼下垂始終保持紳士微笑的小鬍子醫生，看著我指著他的眼睛笑瞇瞇說：「你的眼睛很迷人」。

清晨推開窗，昨夜喧鬧的街道都閉嘴了，商店門口花枝招展的明信片、盤子、水煙壺等商品全部都靜靜躺在原位，黑貓巡視一圈，查看誰家還沒起床準備，典型的地中海氣候、地中海風情，一種完全不需要冷氣的舒爽感覺，只有小毛驢乖乖站在一旁擔任最忠實的幫手。

摩洛哥的北方屬於地中海，因此，她有一種地中海的藍，當然也少不了那一抹白，不同色彩的巫師穿梭在藍白高高低低的街道，保持距離好奇

跟隨，一個轉角後巫師消失，卻出現一群早飯準備完畢在後院聊天休息的人群，人群從老至少清一色皆是女性，好奇卻友善打量我這東方臉孔，

在英語不存在的對話中，靜音模式瞬間開啟，點頭交換善意眼神後，轉身，帶著無線異國想像離開這片藍白。

麻醉師

doctor

business man

police man

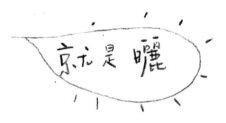

就是曬

即使擦上好幾層安耐曬

穿了外套，戴了帽

還是抵擋不了太陽的威力……

好ㄉ！

我相信你是熱情的！

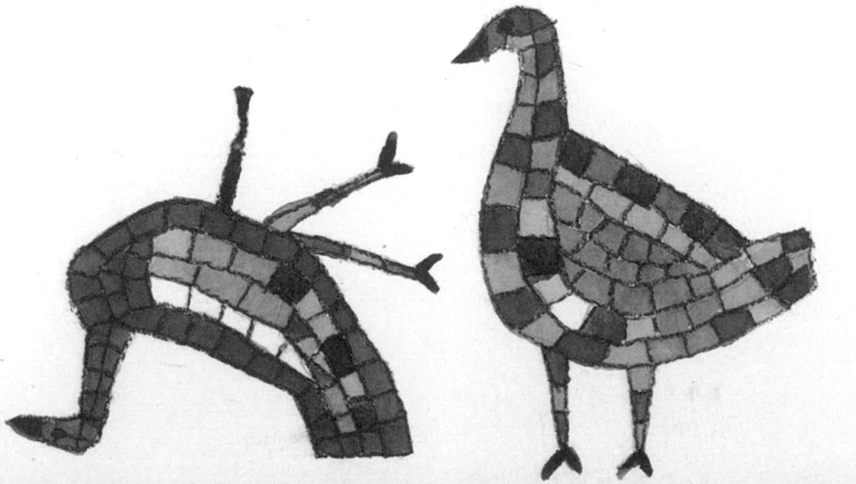

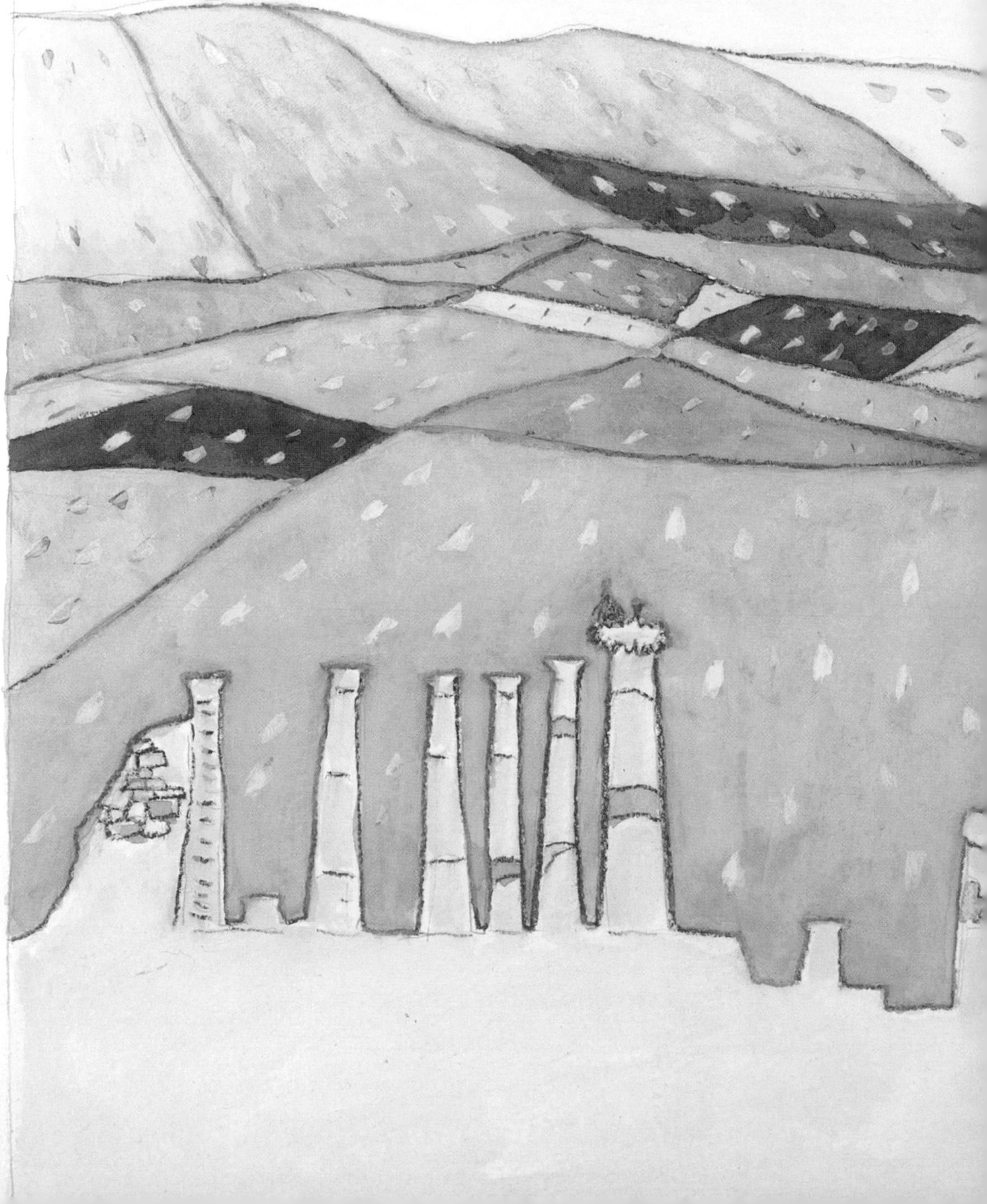

↓色彩繽紛的小店，販賣各式羊毛氈帽子、毛衣、地毯。

→沃呂比里斯遺跡 Volubilis。

↓要有高超想像力的古羅馬遺跡。

←鳥巢上的鳥動也不動。

就是曬

　　真是太陽曬到飽的梅克尼斯 (MEKŃES)。熱到中午只想吃一些 mised salad，順便學了一句阿拉伯話「Waha」，OK 的意思。

　　沃呂比里斯遺跡 (Volubilis) 被 UNESCO 列入世界文化遺產保護區，曾經是古羅馬帝國的最西要塞，建來防禦從亞特拉斯來侵犯的柏柏人，現在已成一堆廢墟。高聳的石柱殘骸成為鳥兒築巢的最佳地點，

　　「鳥巢上有鳥耶！好大隻喔！」

　　「假的吧？都不會動……」

　　連鳥都被曬昏了嗎？一動也不動的靜止在石柱的最高處。面對如此偉大的古羅馬遺址，浴池、會堂、廣場、教堂、飯廳……等，**我・都・看・不・出・來・**請原諒我的不耐及煞風景，沒有任何一棵像樣的樹能夠稍稍遮蔽烈日。

　　現場實在太熱，我無法完成這回合古羅馬遺址的想像力練習，吸引我的卻是這堆破石頭組合出來的迷人色調。也許是經過時間悠久的曝曬，磚石土塊之間協調的堆疊出各種粉嫩磚紅，和四周圍分割種植作物紫紅、黃褐、卡其的各式明度、彩度變化，共同交織出一大片連綿不絕的盛夏地毯，鋪天蓋地而來。

→地處丘陵高地的穆萊伊德里斯聖城 Moulay Idriss，穆萊伊德里斯是伊斯蘭教最高精神領袖之一。

不用高超想像力
就看得懂的馬賽克

擁有九千多條巷弄，
　沒門牌、沒路標……　　為「世界上最容易迷路的城市」

　　　　　　　這麼多巷子，郵差會來送信？

CHANGE
CAMBIO
EXCHANGE
WECHSEL

世界上最容易迷路的城市

　　這趟魔幻之旅有許多保鑣，保鑣1~4號是固定班底、各司其職，偶爾會出現更多保鑣，因為他們分工精密，「洗馬桶的不會去倒垃圾」薛馬說。

保鑣2号～
黑衣人 公關
(專長)：解決一切難題
　　　　推測是旅行社代表
(興趣)：腋下夾公事包
　　　　走來走去裝神秘……

保鑣1号～
導遊 薛馬
(專長)：爬樹、聊天
(興趣)：用中文說「漂亮」
　　　　隨時隨地來上一根煙!!
(戰鬥力)：★★★★★

保鑣3号～
司機 阿巴度先生
(專長)：開車、打招呼
　　　　專業級 微笑
(興趣)：表現他的專業
　　　　開車講手機 and 駡阿迪仔
(戰鬥力)：★★★★★★

←Fés 古城內房舍昏暗、巷道狹小，依舊進行幾千年來沿襲不變的古老傳統。

41

↑ 在專屬座位曬太陽的店貓。

↑ 小騾子載重力一流！

↑ 採買用品的婦女。

←古城區 Medina 被聯合國教科文組織列為歷史古蹟。

在 Fés 更是不像話，因為不希望有人掉在九千條巷子裡，薛馬 (保鑣 1 號) 雇用 Fés 當地導遊阿里，阿里又雇用三個保鑣在前後保護。

保鑣4号～
阿迪仔
專長：將行李排好
放上車，拿下來
興趣：點人頭
戰鬥力：＊＊＊

Long Time Long Time ago……

沒有扇子粉的香味.

空氣中混合著馬糞.尿.皮革

腐敗食物……等一切

跟 **古老** 有關係的一些氣味.

無法抗拒,只好全然接受.

儘管這被列為世界文化遺產

也被旅遊頻道列為

「世界十大浪漫城市」

但,如此時空錯亂.

新舊交替 如此矛盾.

時間 困在一千零一夜的記憶裡

不肯離開……

45

↑ 氣味超強的皮革染廠 Tanneurs。

非常"摩洛哥"的手工布料，
每個女人頭上都纏繞一塊，
而你，想帶哪塊回家？

大塊大塊整齊堆疊如手工皂
其實是各種口味的糖

08

沒有痱子粉 (音似 Fés) 的香味

被旅遊頻道列為「世界十大浪漫城市」的 Fés，這樣的浪漫建構在從古至今未曾改變的一千零一夜記憶。

一片被薰衣草紫色和白色磁磚填滿的古老牆面，我帶著好奇心打造的鑰匙，念著神祕加持的咒語，獲得許可進入這擁有超過九千條巷弄的迷宮，跨越入口，就是一個好久、好久以前的故事……

狹小巷弄彼此緊密串連互通有無，昏暗房舍內依舊進行幾千年來沿襲不變的古老傳統。沒有任何照明，看不清楚的用鼻子蒐集線索：有菜味的，是蔬果攤；有血腥味的，擺了一排羊頭真的賣羊頭；有鐵鏽味的，賣手工燈具；皮革染廠散發超強氣味，即使塞把新鮮薄荷草在鼻子裡也沒用。巷弄裡沒有任何招牌、指標，饕客卻能循著氣味找到道地美食餐廳。不論轉幾個彎，改變的只有光線投射的位置。

「小心！讓一讓！有小毛驢要通過……」鋪滿大小石塊的巷子，有小毛驢經過的味道及痕跡，店內擺不下的直接放到路上增加曝光度。我忙著辨識黑暗裡的味道、記住每個轉彎的特徵，同時要應付 Fés 男子的熱情搭訕：「你的皮膚好白，我可以帶你回家給我媽媽看看嗎？」

木製門板的古老氣息實在太過一致，小孩在身旁好奇地跑來跑去：「我可以當導遊帶你們參觀喔！」沒有門牌、沒有路標，轉彎的神祕暗號到底是什麼？

↑即使塞把新鮮薄荷葉在鼻子也沒用。
→手工製作陶器、磁磚工廠。

純手工繪製 菲斯藍圖盤

Fés blue:
　天然植物染料，流傳已久

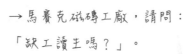

→ 馬賽克磁磚工廠，請問：
　「缺工讀生嗎？」。

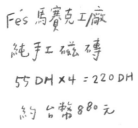

Fés 馬賽克工廠
純手工磁磚
55 DH × 4 = 220 DH

約 台幣 880元

傍晚在飯店泳池游泳，浸泡去白天老城區迷宮裡的浪漫味道。帶著微濕的頭髮，晚餐後到新城區走走吹風。雖然是較都市化的新城區，未蒙面的東方女子還是街道上的奇異風景，站在馬路旁等紅綠燈，搖下的車窗也傳出熱情邀約。摩洛哥位屬北非，遊客多來自歐美，大概是少見東方臉孔女孩，習慣在路邊喝一杯「看別人」的隨興享受，已完全走調轉換成「被人看」的奇特經驗。和薛馬討論過這話題：

「為什麼餐廳裡都沒有女人？女人不喝咖啡？」「為什麼大家都要盯著我瞧？我不能來喝咖啡？」

女人只有在家裡或女人專屬的餐館，一般場合98%都是摩洛哥男人。雖然走到哪兒都被盯著瞧，摩洛哥男子的紳士風格卻也讓人不覺危險，新城區的夏日晚風，多了非洲手鼓的打擊節奏，挑動盛夏夜晚。

←回教教義禁止偶像崇拜，傳統圖案有象徵性：1.花草圖案。2.阿拉伯文。3.幾何圖案。

↓工廠階梯也貼滿磁磚。

→ 手工裁切每一塊小磁磚。

粉紅色的騙局?

持續往 Merzouga 前進

預計在太陽下山
　　　　的五點抵達

亞特拉斯山下的小鎮
　傳説中的綠洲

怎麼跟卡通裡的不一樣?

戶外溫度 45°C

好ㄅ! 既然都來了,
　老娘就跟你拚了!!!

沿著亞特拉斯山脈前進，
綠洲、湖泊、藍天，戶外
雖然已經 38 度，溫度計
指針卻不打算停止前進。

09

亞特拉斯 (the Atlas) 山下的小鎮

　天很藍，一路上沒有什麼綠色植物，更突顯亞特拉斯山脈的粉紅。沿著山腳前進，眼前是持續的高山壯闊天地。

　記憶中小時候卡通裡的綠洲，是沙漠裡的一池水塘再加兩隻駱駝，有時還伴隨旅人的海市蜃樓橋段，「從這裡到那哩，這一大片就是綠洲」薛馬說。是幻覺？沒有卡通裡的小水池，地面上井然有序地種植農作物，農地周圍長滿綠色高高低低椰棗，人們依賴這豐饒的水源灌溉土地，綠洲，是粉紅色亞特拉斯山下的綠色寶石。

　司機無預警的停車讓阿巴度 (保鑣 3 號) 下車，阿巴度激動地和路人交涉，以為他和路人吵架，

←在粉紅斯庫拉碉堡前拿草編蝦塩兜售的女孩。

Skoura 斯庫拉
綠洲小鎮的紅色雕堡
摩洛哥 50 元紙幣封面

近沙漠的大型片場，
電影拍攝道具

Quarzazate 工作婦女

5 分鐘後卻捧著一袋食物回來，「這是沙漠特產無花果，很甜，試試看！」摸起來軟軟的而且還很容易剝開，雖然不是很有水分，對只吃過加工包裝「無花果乾」的我們來說仍然多了幾分驚喜。漸漸攀升的高溫及綠洲小鎮是接近沙漠的證據，粉橘色屋子裡的人一定很能耐高溫。

防曬通風的傳統服飾稱為「吉拉巴」，黑色吉拉巴是工作服的顏色，結束工作急忙返家的婦女一身黑的走在綠洲道路旁，彷彿集體要去參加某種神祕聚會……在黑色吉拉巴下是什麼樣的心情？

看到綠洲，表示沙漠接近了，卡通裡的綠洲這種畫面我沒看到，卻深深體會到自己在撒哈拉沙漠的渺小。

→ 身穿吉拉巴的婦女。

↑ 亞特拉斯山下的綠洲小鎮。

前往薩哈拉路上

狂風、熱氣、柏²音樂

さ！ welcome 也薩哈拉！

体驗在薩哈拉的渺小——

←看日出的原子筆速寫。

→日出前的沙漠是靜音模式。

起風了！

我在薩哈拉的沙丘，
即使睡過頭，也值得看上一眼！

薛馬每天用心打扮，
Blue man 是沙漠地區的特色。

司機穿的是傳統長袍
吉拉巴 Jellaba

10

狂風 熱氣 柏柏音樂

吉普車在前往撒哈拉的路上，狂風、熱氣、柏柏音樂，氣溫已是天殺的 45℃ 炎熱，後面還會加溫多少不敢想像。沙漠的景觀一如記憶中的荒涼且空盪盪一片，司機卻總在莫名其妙的地方轉彎，是要繞去哪裡呢？地上只有大石頭、小石頭和一堆沙丘，到底神秘的記號在哪裡？

是誰說沙漠溫差大，夜晚會很冷？很多人乾脆睡在游泳池畔的躺椅上，但我不敢。拿冷水潑灑在枕頭上，還是降低不了沙漠的熱情，渡過悶熱輾轉難眠的夜晚，讓人清醒的，並不是預定的 morning call，而是睡過頭後一陣莫名的驚慌，

「大家都出發了，但是留下兩隻駱駝等我們……」

「沒時間刷牙洗臉了，趕快出來，要走了……」

昨夜因為沒打開行李，所以直接抓了包包就衝出去，一出門，看到薛馬睡在游泳池畔的躺椅上，看到慌慌張張的我，他笑了……唉……

兩隻駱駝用拍口香糖廣告的招牌表情磨牙，斜眼並帶點輕蔑的嘴臉瞧著滿頭亂髮朝他們狂奔的主人。很像壞掉的錄影帶，一路瘋狂快轉的睡過頭戲碼，在「睏粿頭」跪下的雙膝站立開始出發那刻起，緩慢的腳步讓一切突然又慢速下來……駱駝修長的雙腿在沙地上優雅前進，日出的美景眼看就要錯過，超過 45 度坡度的沙路，是我這輩子走過最累的一段路，走一步，後退半步，左右腳交互淪陷，最後靠柏柏人將氣喘吁噓快放棄的我硬是拖上頂端，才沒錯過眼前的美景。粉紅色的這片細沙保留前一晚的溫柔，是最棒的紀念品。無論心裡多著急，日出前的沙漠還是靜音模式，保持優雅的行進姿態，才是面對這片浩瀚的最佳表情。

↑ 我的駱駝「睏粿頭」。

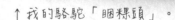

←粉紅細沙保留前一晚的溫柔。

昨夜，美麗的薩哈拉陪我渡過一晚.
即使，屋內的悶熱讓人難耐...
即使，水龍頭的水流真不痛快...
即使，blue man 的甜言蜜語溝通很難
即使，一切的一切似乎都不是那麼方便，

但是，昨晚發生的一切
就像薩哈拉的晚風
溫柔、暖²地輕撫在我臉上，

我是一塊海棉，
貪婪地吸取 Morocco 每一分
美麗 & 哀愁～

↓ Blue man 認真的寫寫畫畫。

MustApha

MustApha

ce qui fait La beaute du Desert
ce que tu trouve un puis dans
que à que part.

（作者住宅）
MustApha
EL Cojo.

①

TiLi Line_1@ hotmail
. Com.

2006. 8/1: 撒哈拉

←在客廳椅子鋪
上濕浴巾才勉強
睡著。

↑沙漠旅館。

←沙漠旅館悶熱睡不著的房間。

←無緣的帳棚陪夕陽一起告別。

11

美麗的撒哈拉陪我度過一晚

聽說今夜將有沙塵暴來襲……不想睡覺時被沙子掩埋，不得已，放棄預定好的帳棚，卻得到一座有游泳池的沙漠旅館。

除了星星，只剩幾盞微弱的壁燈鑲嵌在土牆上，夜，卻將牆上的三角稜紋襯托的格外分明。一大片螢光綠的泳池，在這樣八月的盛夏夜晚，一點一點釋放如夢似幻的吸引力。

脫了鞋，讓雙腳浸泡入水裡舒壓，水溫沒有想像中冰涼，也難怪，吸飽一整天驕傲的陽光，暖暖的水一如沙漠夜晚的溫度，保留白天的驕傲熱氣，不只腳丫子，整個人都像浸泡在螢光綠的溫水裡，我，浮浮沉沉……

「You jump , I jump.」一句鐵達尼號的經典台詞，把 Blue Man 帶到我的身邊。沙漠傳統服飾的藍，除了增加在廣大橘紅沙地上的辨識性，也顯現游牧民族如藍天白雲的自由自在不拘特性。

Blue Man 取下他的黑色頭巾，玩笑地打扮在我頭上，沒有突如其來的風沙汗臭味，反倒是一股棉麻布料的自然乾爽氣息。我身上是受陽光洗禮過的草莓紅 T 恤，而他是一身沙漠的專屬藍色。

「你在寫什麼？」

「寫今天來到沙漠卻發現一個游泳池的感想」

「我也會畫畫喔！可以給我畫畫看嗎？」

把筆記本遞給他，像小學生埋頭認真的寫寫畫畫，有時還若有所思的望向遠方。

肩並肩 5 公分的夜晚，我們就像螢光綠果凍上的兩顆草莓和薄荷糖。星空下，Blue Man 柔情似水的濃密睫毛眨呀眨，風度翩翩的邀請我，

「陽台上面可以看到更美的景色喔！」。

「我該去睡了，明天要早起看日出」。

陽台上的風景是否更美？我不知道，故事就該停留在最美的一刻，保留最引人遐想的空間。

↑ 星空下的非洲鼓。

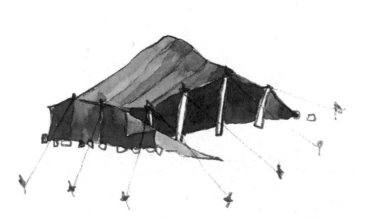

因為怕被埋在沙漠風暴的沙子裡
只好跟撒哈拉沙漠的貝都因人帳蓬 say Bye Bye~

假如，你遇上了 沙漠風暴...

如果 你沒戴口罩....（會嗆到）

　　沒戴帽子……（頭髮進沙）

　　沒穿外套 ……（皮被沙打到痛）

　　沒撐傘……（變瘋子）

那你至少要有像駱駝的 長睫毛！

　輕輕闔上 就能阻擋細沙

我沒有長睫毛～

　　但其他的 我都有，一樣不缺

　　　這些撒哈拉的紀念品

　　　我實在 不想 收集太多了

65

艾本哈杜 Ait-Benhadou
具防禦功能城寨，看美景前要先爬上去。

↑ 艾本哈杜 Ait-Benhadou 列入聯合國世界人類
遺產重點保護名單。

12

假如，你遇上了沙漠風暴

正值盛夏，眼前是乾涸的砂地，穿越這片乾涸，是被列入聯合國古蹟的艾本哈杜 (Ait-Benhado)，一個土土黃黃看起來像花生口味的大蛋糕，羅素克洛曾經穿著古羅馬奴隸服裝在裡面走動講台詞。小女孩拿來草編的蚱蜢兜售，但我幻想著神鬼戰士的情節無心注意，無人光顧的駱駝和主人在河床放空等待。突然吹起一陣風，右方天空壟罩一片黑向我們快速移動，

「是沙塵暴，快跑！」

「這是沙塵暴？往哪跑？」

幾秒鐘的時間，整個河床就被狂風、飛沙、暴雨包圍，沙子囂張到讓四周瞬間轉為黑暗，眼睛睜不開、呼吸困難、皮膚疼痛，感覺沙子肆無忌憚地鑽進衣服的縫隙裡。乾涸砂地的旅客驚慌失措地四處奔逃，

「我會死在這裡嗎？」

風暴愈來愈失控，沙塵暴初體驗的興奮感消失後，害怕的念頭在黑暗中浮現。

被鬼魅般的沙塵暴戲弄後，剛剛的駱駝仍堅守

↑→充滿摩洛哥風情的餐廳。

→沙塵暴退去後的
綠洲夕陽。

↑美麗的城堡餐廳。

↑又沙又雨又彩虹的艾本哈杜。

→我不想死在這裡啊！

崗位，只是主人不見了，前方的艾本哈杜卻顯清麗，可怕瘋狂的雲層退散後，遠方天空留下的是一片片軟綿綿雲絮，艾本哈杜軍事戰略地位在金黃夕陽下更顯驕傲，一身狼狽的我，因附贈的彩虹終於獲得救贖。

→ 艾本哈杜被沙塵暴包圍，只有駱駝不為所動。

蓋得很漂亮的餐廳，像城堡，也是旅館

今天，我們騎著小驢子去遠足！

請叫我
縹緻 206

↑ 我才是正港的
小毛驢。

→ 柏柏人用粘土堆疊的
房屋有絕佳的保護色。

← 盡忠職守的教練
與勇士。

13

騎著小騾子去遠足

　　騾子？驢子？我竟傻傻分不清楚，在停車場等我的是小騾子，我一直都誤會了。但騎小騾子去遠足真的是一項有趣的體驗。台灣來的這大票人又驚擾柏柏人的生活了，從來沒有一口氣這麼多人要搭小騾子健行，所以，柏柏人忙碌的調配、募集村裡「有空」的小騾子，光想像這畫面就十分有趣。我的小騾子是我的勇士，任何困難的道路牠都走上去了，我為我的勇士命名為「Hungry」，只要牠的脖子夠抵達的地方，牠絕不放過任何可以咬一口的機會，「不可以」的食物總是特別可口，他喜歡走在幾乎要滑落懸崖的邊緣，大概是早上太早集合吧，奶油小黃花在牠口中彷彿真的充滿奶油香味般可口好吃。

　　這種山中健行活動十分受到歐美遊客喜愛，柏柏人會將一切打理舒適，你只需選擇想要的行程，

　　沒辦法體驗三天、兩周的刺激，我參加的是最短的一日健行。柏柏人在這樣的山區遺世而獨立，

←沒有遮蔭的山區健行。

Hi

←偷空休息的柏柏人。

羊咩咩住在屋頂的柏柏小屋

←兩隻神勇的小騾子，將運載全部行李下山。

↓任務暫告段落放「騾」吃草。

↑柏柏山中住宿房間的早晨陽光。

→超過45度的斜坡，沒有安全帶或任何防護措施。

用粘土堆疊的房屋藏匿在自然中形成絕佳的保護色，山區的健行步道擁有觀看這片灰濛濛咖啡色調最棒的視野，最棒的視野等於沒有任何遮蔽物，表示全程沒有樹葉可以遮蔭。沒有小騾子我是絕對走不上來的，經過一上午無止境的爬坡及烈日曝曬後，中午在小溪畔野餐。全程走路的柏柏人手腳俐落的從小騾子身上卸下用品張羅午餐，累癱的我在一旁納涼喝熱熱的薄荷茶欣賞他們乾淨俐落的手法，柏柏人周到的在陰涼處鋪坐墊、準備傳統料理，冰涼的小溪裡還泡著一顆西瓜，早吃膩的沙拉、麵包，也因感激的心而美味了起來。

午後，你以為小騾子走上山就了不起嗎？錯！好戲還沒上場。循著原路回程之外，還穿插更新奇、險峻的山路，我的「Hungry」爬坡力強、煞車系統穩定、具設計感，有些下坡路段斜坡甚至超過四十五度，一不小心分心或是鬆懈便很容易摔落，因此「Hungry」背部座椅的大塊彩色羊毛氈座墊被神經緊繃的我抓裂了好大一片。因為沒有安全帶或任何防護措施，我的腦海早已因懼怕而預習好幾種滾下山崖的壯烈姿勢。當小教練帶領小騾子衝刺並安全抵達終點，我決定貢獻

背包裡所有的糖果零食及文具，做為這場完美健行的謝禮。

小騾子有很漂亮的羊毛氈座墊
脫掉鞋子放在牠的籃子裡
讓牠帶你勇闖天涯——

就是這麼簡單的生活，
想吃什麼就種什麼
吃不完的跟人家換

加油大奢侈，
有小毛驢一頭就搞定

三餐菜色絕不麻煩，
塔津、cuscus、烤羊、Salad 一直循環

房子夠放進全家人就好，
最好連小毛驢、羊群都放進來。

把 sugar、coco、女兒我最大秀掉，
套上巫師袍大家都一樣

相對於的 G8 複雜
緊張

生活，是不是也可以
再簡單一桌？

8/5

小毛驢在停車場等我

♥

我來了，我靠我的双腳走上來了，
為了我的小毛驢，和那杯熱⒉的
薄荷茶……

這是今天的拍⒉小屋さ！
〈 in Imlil 〉
♥

↑ 我的薄荷茶——微糖。

←辛苦走上山抵達柏柏
小屋，在屋頂休息的原
子筆速寫。

新鮮薄荷葉加熱茶
方糖隨你添加

14

就是這麼簡單的簡單生活

大車換小車，小車換步行，再步行一小時後，

「還有多久會到？」

「再一個小時就到了」

河裡洗衣的婦人吃驚的看著我們這些陌生人，田地裡的媽媽也停下手邊的工作好奇打量我們，臉頰紅通通玩泥巴的小孩笑著靠過來打招呼，迎面來的小毛驢若無其事的馱著大捆糧草，和牠的長睫毛對上一眼，鼻子哼了一聲，似乎在嘲笑我的低階耐力。

「還有多久會到？」

「大概再 30 分鐘就到了」

為了抵達隱藏在深山裡的柏柏小屋，我開始用幻想鼓舞自己的意志，「加油，停車場有一隻小毛驢在等我」只要走到目的地，明天就有小毛驢會帶我往更神祕處探險。不知道又轉了幾個彎，繞過把羊咩咩養在屋頂但沒圍欄的房子，穿過牛和戴小帽子的老人一起在地上打盹的房間，經過一個沒點燈的廚房，都包著頭巾的媽媽和小女孩正在幫晚餐的紅蘿蔔削皮，爬上石頭、土塊堆疊的步道，在驚嚇好幾個柏柏人之後，我終於靠我的雙腳走上來了，為了我的小毛驢，和那杯熱熱的薄荷茶……

傍晚，在柏柏小屋的屋頂上觀賞夕陽，享受最好喝的一杯薄荷茶 mint-tea。

↑在盤子底部鋪滿各式蔬菜，加入雞肉、羊肉或牛肉，蓋上蓋子燉煮入味。

塔津 Tajine

　　有尖尖的蓋子,可將肉、蔬菜
燉煮入味,功能似砂鍋,
口味很符合台灣人。

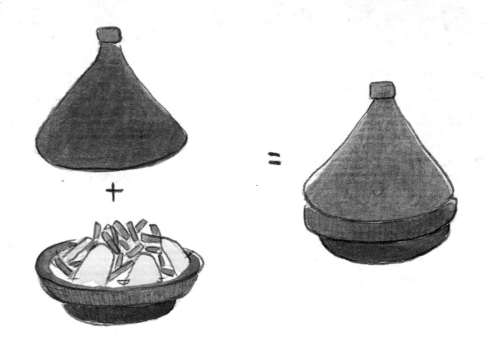

充滿摩洛哥風情的餐廳,
　除了藍色的 Tajine,連餐巾也很 Tajine.

透明玻璃杯裡塞了一把連枝帶葉的新鮮薄荷，用中國茶熱熱的沖泡後，再隨意加入方糖調整甜度。啜一口薄荷專屬的自然清香，從口中瀰漫開來的清香傳遞到鼻腔直通腦門，紓解了白日的燥氣，這和旅途中嘗過普遍甜膩的薄荷茶實在不同。

晚餐前在柏柏小屋附近散步，好奇著柏柏人在廚房裡張羅什麼樣的晚餐？根據爐子上正在燒烤的那個尖尖的圓錐盤子和手上正在處理的馬鈴薯、紅蘿蔔、豆子，晚餐的菜色實在不難猜測必定又是塔津 (Tajine) 或庫斯庫斯 (Cous Cous)。那是將蔬菜和羊肉、雞肉、牛肉、小米一起燉煮入味、肉質軟爛的傳統摩洛哥料理，在物資極度缺乏的深山裡遺世獨立，奉上珍貴牲畜是柏柏人招待客人的禮貌象徵，我卻不識好歹的留下一大盤。柏柏人難掩失望地問：「不好吃嗎？」我偷瞄到柏柏人的番茄口味通心粉晚餐，謝謝他們的盛情，但請他們明天不需要再準備全套大餐，對於旅行至此，已經嘗膩了這些傳統料理的我來說，其實只想跟他們一樣享用最簡單的料理。

入夜後，返回屋頂原有的草席上裹著毯子，如果我和羊咩咩一樣睡在屋頂上，是否我也能擁有這片美麗星空？柏柏人明白我的浪漫，在星星眨呀眨的夜空下，添滿更多的清香薄荷茶。

↑從大城市到深山民宿，點播率最高的國民美食─塔津。

2006 暑假,
一個誤打誤撞 + 衝動
在還摸不清 Morocco 底細下,
就和 Bird 收拾行李飛去了!
慶幸自己的直覺 and 隨性.
我的身体裡裝滿神秘因素

還有一大塊 意猶未盡 ♡

83

Jemaa el-Fna 最美的貓

馬拉喀什巷道內的香料店

Pink Marrakech

Jemaa el-Fna 廣場指標 Koutoubia

blue Marrakech

→ 集合廢棄的皮革串連起來，
不也是很有味道的裝飾？

15

意猶未盡

帶著一張有簡單地圖的名片從旅館出發。

跟著一隻虎斑小貓前進，誤闖私人住宅且招來安靜卻異樣眼光，繞過大大的花園後，黃昏的迦瑪艾爾芬納廣場 (Djemeaa el-fna) 展示在我眼前。旅遊指南上的攤販：賣烤肉、弄蛇的、賣水的、算命的、賣牙齒的、賣柳丁汁的、賣羊頭湯的……

生火、切洗、吆喝……準備中的廣場周圍商店眾多，商店一二樓擠滿先喝一杯等會兒要盡情血拚的觀光客。馬拉喀什的建築好像在水泥加了梅子粉，所有的房子呈現一種梅子粉的好吃粉紅色，想起在西紹恩游泳池畔迷人的小鬍子醫生，他曾向我預告不同於西紹恩的藍白地中海風情，「馬拉喀什將是一整片的 PINK！」

接下來的時間，我就迷失在這迷幻的 PINK 裡面，在廣場四周放射狀的巷子裡血拚掉所有剩下的旅費，因為車錢都掏空了，只好沿著原本計畫用來搭車回旅館名片背面的地圖走回家。

PINK 的魔力延續到隔天，上飛機前到皇室避暑勝地萬拉華花園 (Jardin Ménara) 逛逛，花園

裡迎面而來的男子似曾相識，互相盯著對方用力回想直到擦身而過的瞬間，他向朋友指著我大喊一串我聽不懂的話，

是撒哈拉沙漠夜晚的 Blue Man……

離開的這一刻，摩洛哥還送我這麼大一份神奇與浪漫的禮物。

→傍晚逐漸湧出的攤販、人潮。

旅館名片後的地圖

→入夜後充滿生命力的加瑪艾爾芬納廣場。

作者 廖蕙蘭

　　嘉義高中美術班、高雄師範大學美術系、高雄師範大學美術系研究所創作組畢業。養兩隻貓，最害怕香菜。現職國中美術教師。

　　曾獲高雄師範大學美術系系展油畫類首獎、綜合造型類優選，第九屆時報廣告金犢獎電視廣告類佳作，2013 高雄獎版畫類入選。

手繪摩洛哥
奇幻旅程

作　　　者　廖蕙蘭
企畫選書／責任編輯　陳妍妏
美術編輯／封面設計　張曉君
行銷企畫　張芝瑜
總　編　輯　謝宜英
出版助理　林智萱

出　版　者　貓頭鷹出版
發　行　人　凃玉雲
發　　　行　英屬蓋曼群島商家庭傳媒股份有限公司
　　　　　　城邦分公司
　　　　　　104 台北市民生東路二段 141 號 2 樓
劃撥帳號：19863813；戶名：書虫股份有限公司
城邦讀書花園：www.cite.com.tw
購書服務信箱：service@readingclub.com.tw
購書服務專線：02-25007718 ～ 9
（周一至周五上午 09:30-12:00；下午 13:30-17:00）
24 小時傳真專線：02-25001990；25001991

香港發行所　城邦（香港）出版集團
　　　　　　電話：852-25086231
　　　　　　傳真：852-25789337
馬新發行所　城邦（馬新）出版集團
　　　　　　電話：603-90578822
　　　　　　傳真：603-90576622

印　製　廠　五洲彩色製版印刷股份有限公司
初　　　版　2014 年 5 月
定　　　價　新台幣 380 元
ISBN　978-986-262-206-3

讀者意見信箱　owl@cph.com.tw
貓頭鷹知識網　http://www.owls.tw
歡迎上網訂購；大量團購請洽專線 (02)2500-7696
轉 2729、2725

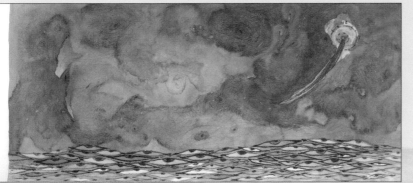

卡薩布蘭加 (Casablanca) 的晚風　　　　街頭藝人

鄉間小路

圓柱廣場

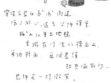

柏柏人建構的地中海風情

就是曬

世界上最容易迷路的城市

沒有痱子粉 (音似 Fés) 的香味

亞特拉斯 (the Atlas) 山下的小鎮

狂風 熱氣 柏柏音樂

美麗的撒哈拉陪我度過一晚

騎著小騾子去遠足

騎著小騾子去遠足

就是這麼簡單的簡單生活

意猶未盡